Unser herzlicher Dank gilt dem
Astrophysiker Prof. Dr. Sebastian Wolf.

FSC
www.fsc.org
MIX
Papier | Fördert
gute Waldnutzung
FSC® C002795

Unser Versprechen für mehr Nachhaltigkeit
- Klimaneutrales Produkt
- Farben auf pflanzlicher Basis
- Papiere aus nachhaltigen und kontrollierten Quellen
- Hergestellt in Europa

Texte: Linda Hartwig
Illustrationen: Inka Vigh
„Frag doch mal"-Logo: Udo Schöbel
Mausillustrationen: Ina Mertens

Bildnachweis für Innenfotos: ESA/Herschel/PACS/MESS Key Programme Supernova Remnant Team; NASA, ESA and Allison Loll/Jeff Hester Arizona State University: 73; NASA: 12, 26, 44, 49, 59, 67; NASA/Bill Ingalls: 28, 60, 65; NASA/David DeHoyos: 61; NASA/ESA/CSA/STScl: 71; NASA/GSFC/SOHO: 23; NASA/JPL: 39; NASA/JPL-Caltech/ASU: 27; Shutterstock: 26 (Geermy)

Lektorat: Aukje Janssen
Gestaltung und Satz: Inka Vigh

ISBN: 978-3-551-25379-8
www.carlsen.de

FRAG doch mal ...

Die wichtigsten Fragen zum Weltraum

Linda Hartwig

Mit Illustrationen von Inka Vigh

CARLSEN

INHALT

WIE GROß IST DER WELTRAUM?

Der Weltraum ist unvorstellbar groß. Er hat vermutlich keinen Anfang und auch kein Ende. Ganz sicher weiß das aber niemand.

Für uns Menschen beginnt der Weltraum in etwa 100 Kilometern Höhe. Dort oben ist die Lufthülle der Erde nur noch ganz dünn. Der Weltraum umgibt die Erde von allen Seiten. Im All ist es ganz still, fast überall dunkel und unheimlich kalt. Forscherinnen und Forscher konnten dort eine Temperatur von minus 270 Grad Celsius messen.

Im Weltall gibt es viele Himmelskörper wie Planeten, Monde und Sterne. Dazwischen ist nichts als Leere. Und im All bewegt sich alles. Planeten umkreisen ihre Sonnen auf festen Umlaufbahnen, Kometen fliegen durch die Dunkelheit, neue Sterne entstehen und andere verglühen.

Das Weltall ist ein riesiger Raum voller Geheimnisse. Wissenschaftler und Wissenschaftlerinnen konnten schon viele Rätsel lösen, aber es gibt immer noch viele ungelöste Fragen. Und immer wieder kommen neue Fragen hinzu.

Wo genau das All anfängt und wo es aufhört, kann niemand sagen. Fest steht nur, dass es unvorstellbar groß ist und sich immer weiter ausdehnt.

WARUM LEUCHTEN DIE STERNE?

In einer klaren Nacht kannst du unzählige Lichter am Himmel sehen. Aber nicht alles, was leuchtet, ist ein Stern. Neben den Lichtern von Flugzeugen, die man natürlich auch sieht, gibt es drei Arten von Lichtern im Weltraum: Planeten, Sterne und Galaxien.

Planeten leuchten nicht selbst. Sie werden nur von der Sonne angestrahlt. Mit etwas Glück kannst du am Nachthimmel Mars und Venus entdecken. Diese beiden Planeten werfen das Sonnenlicht zurück und erscheinen daher hell. Das Zurückwerfen von Licht nennt man „reflektieren".

Sterne leuchten von allein. Sie sind die einzigen Himmelskörper, die Wärme und Licht abgeben. Auch unsere Sonne ist so ein Stern. Alle Sterne sind heiße Kugeln aus Gas.

Alle Sterne am Nachthimmel sind viele Milliarden von Kilometern entfernt. Weil sie so weit weg sind, sehen wir die riesigen, brennenden Kugeln nur als kleine Punkte.

Auch die Galaxien sind unvorstellbar weit von der Erde entfernt. Eine Galaxie besteht aus ganz vielen Sternen. Unsere Galaxie heißt Milchstraße. Unsere Sonne ist einer von Milliarden Sternen dort. Manche Galaxien sind so weit entfernt, dass wir sie nur als einen winzigen Punkt sehen – doch in Wirklichkeit besteht jede Galaxie aus vielen, vielen Sternen.

SELBSTGEMACHT: LEUCHTENDE FADENKUNST

Mit Hammer, Nägeln und Faden kannst du ein tolles Kunstwerk gestalten. Beim Fädeln musst du dich nicht an feste Regeln halten, sondern kannst das Garn so spannen, wie es dir gefällt. Neonfarbiges Garn sorgt für extra Leuchtkraft!

DU BRAUCHST DAFÜR:

- kleine Nägel (1,4 mm x 25 mm)
- einen Hammer

- Holzzuschnitt (z. B. 30 cm x 40 cm)
- Papier im gleichen Format wie der Holzzuschnitt

- dünnes Baumwollgarn in Neongelb (Häkel- oder Strickgarn)

- etwas Klebeband

SO MACHST DU ES:

1. Zeichne einen großen Stern auf das Papier.

Die Punkte, in die später die Nägel eingeschlagen werden, müssen markiert werden. Zeichne an jeden Eckpunkt einen Punkt.

Die Nagelpunkte dazwischen kannst du immer in einem Daumenabstand setzen. So sind die Punkte etwa gleichmäßig verteilt.

2. Lege die gezeichnete Vorlage auf das Holz und klebe sie am Rand mit etwas Klebeband fest, sodass sie nicht verrutscht.

3. Schlage nun die Nägel in die zuvor markierten Punkte.

Die Nägel sollten fest sein, aber nicht zu weit in das Holz geschlagen werden.

Wenn du fertig bist, kannst du das Papier nach oben hin wegziehen und entfernen.

4. Knote den Garnanfang um einen der Nägel und lege mit dem Garn zunächst die Außenlinie des Sterns. Dazu gehst du mit dem Garn von Nagel zu Nagel und umrundest jeden Nagel einmal.

5. Verbinde nun die am weitesten voneinander entfernten Nägel miteinander.

Dann fädelst du die kurzen Strecken.

Zum Schluss knotest du das Garn um einen Nagel und schneidest das lose Ende ab.

Magst du es bunt?
Dann kannst du natürlich auch verschiedene Garnfarben verwenden.

WER WAR DER ERSTE MENSCH AUF DEM MOND?

Schon immer haben Menschen den Mond beobachtet und genau beschrieben, wie dieser Himmelskörper ab- oder zunimmt und wann er fast gar nicht oder besonders gut zu sehen ist. Einmal zum Mond zu fliegen und dort spazieren zu gehen — das war für die Weltraumforschung ein großes Ziel.

Im Dezember 1968 gelang es dem Raumschiff Apollo 8, den Mond insgesamt zehn Mal zu umkreisen. Die Astronauten an Bord waren also die ersten Menschen, die die Rückseite des Mondes mit eigenen Augen sehen konnten.

Nur ein halbes Jahr später, im Sommer 1969, landeten die amerikanischen Astronauten Neil Armstrong und Edwin (Buzz) Aldrin auf dem Mond und betraten seine Oberfläche.
Dieses Ereignis der berühmten Apollo-11-Mission wurde weltweit im Fernsehen übertragen.

Mehr als 500 Millionen Zuschauer verfolgten auf diese Weise die Landung der ersten Menschen auf dem Mond. Ein Jahr später fuhr dort das erste Mondmobil. Forschende auf der Erde wollten damit Gesteine finden, die etwas über das Alter und die Entstehung des Mondes verraten können.

Inzwischen umkreisen auch Sonden den Mond. Das sind Weltraumflugkörper ohne Menschen an Bord.

Es wurden sogar ferngesteuerte Roboter auf den Mond gebracht. Solche Geräte suchen nach Wasser und erstellen Karten der Mondoberfläche. Denn die Wissenschaft fragt sich, ob Menschen auf dem Mond leben könnten und man dort in der Zukunft eine Forschungsstation aufbauen könnte.

WAS IST EIN PLANET?

Ein Planet ist kein Stern. Aber jeder Planet dreht sich um einen Stern. Dabei bleibt der Planet immer auf einer festen Umlaufbahn.

Planeten fliegen nicht ziellos im Weltraum umher. Ein Planet bewegt sich auf einer festen Umlaufbahn um seinen Stern. Er bleibt immer auf derselben Spur. Stell dir einen Sportplatz mit einer Laufbahn rundherum vor. Wenn du nun läufst und dabei immer auf derselben Spur bleibst, bewegst du dich wie ein Planet – du verlässt nicht deine Bahn.

Dass der Planet nicht kreuz und quer durchs Weltall fliegt, liegt an der Schwerkraft. Schwere Sterne ziehen die leichteren Planeten an. Denn Sterne sind riesengroß und sehr schwer. Sie ziehen andere Himmelskörper an. Das nennt man Schwerkraft. Die Schwerkraft gibt es auch auf der Erde.
Wenn dir dieses Buch aus der Hand fällt, landet es immer auf dem Boden. Die schwere Erdkugel zieht das Buch an, das viel leichter ist.

Die Schwerkraft auf der Erde sorgt dafür, dass alles nach unten fällt.

Der Planet Erde
kreist um die Sonne.

Anders als Sterne leuchten Planeten nicht selbst. Sie stehen so hell am Nachthimmel, weil sie von der Sonne angeleuchtet werden.

Das Wort „Planet“ kommt aus der griechischen Sprache. Dort bedeutet es „Umherschweifender“ oder „Wanderer“. Und das passt zu der Bewegung der Planeten: Wie Wanderer bleiben auch Planeten nie stehen, sondern bewegen sich stetig auf ihren Umlaufbahnen.

WAS IST DAS SONNENSYSTEM?

Unser Sonnensystem besteht aus der Sonne und acht Planeten, die um sie kreisen. Zu diesen acht Planeten gehört auch die Erde.

Im Weltraum gibt es unzählige Sterne. Um die meisten Sterne kreisen ebenfalls Planeten auf festen Umlaufbahnen.

Unser Sonnensystem befindet sich in einem Seitenarm der Milchstraße. Die Planeten, die um unsere Sonne kreisen, heißen: Merkur, Venus, Erde, Mars, Jupiter, Saturn, Uranus und Neptun. Jeder Planet umkreist die Sonne auf seiner eigenen Umlaufbahn.

Die Sonne leuchtet alle Planeten an. Sie ist riesengroß und sehr schwer. Wenn du dir die Sonne als großen Hüpfball vorstellst, wäre die Erde noch kleiner als eine Murmel.

MAUSSCHLAU!

Die Reihenfolge der Planeten im Sonnensystem kannst du dir mit diesem Spruch merken:

„**M**ein **V**ater **e**rklärt **m**ir **j**eden **S**onntag **u**nseren **N**achthimmel."

Jeder Anfangsbuchstabe steht für einen Planeten: Merkur, Venus, Erde, Mars und so weiter.

WORAUS BESTEHEN DIE PLANETEN?

In unserem Sonnensystem gibt es zwei Arten von Planeten: Gesteinsplaneten und Gasplaneten.

Zu den Gesteinsplaneten zählen Merkur, Venus, Erde und Mars. Diese Planeten sind recht klein (sogar unsere Erde!) und befinden sich nah an der Sonne. Viel weiter draußen ziehen die Gasplaneten ihre Bahnen. Sie heißen Jupiter, Saturn, Uranus und Neptun. Man nennt sie auch „Riesenplaneten", weil sie viel größer als die Gesteinsplaneten sind. Im Jupiter könnte man über tausend Planeten von der Größe unserer Erde verstecken.

Merkur ist der kleinste der acht Planeten. Er befindet sich am nächsten an der Sonne. Tagsüber herrschen dort Temperaturen von bis zu 430 Grad Celsius! Nachts wird es auf dem Merkur jedoch eisig kalt: bis minus 180 Grad Celsius!

Jupiter ist der größte und schwerste Planet. Er wiegt mehr als alle anderen Planeten zusammen. Die Oberfläche des Jupiters ist nicht fest. Vermutlich hat er aber einen festen Kern.

Auf **Uranus** und **Neptun** ist es unvorstellbar kalt. Sie werden daher auch Eisplaneten genannt. Beide Planeten sind bläulich, aber leider zu dunkel, um sie mit bloßem Auge am Nachthimmel sehen zu können.

Von den Gasplaneten ist **Saturn** der auffälligste. Seine Ringe kann man von der Erde aus mit einem Teleskop sehen. (Was genau ein Teleskop ist, erfährst du auf Seite 38.) Die Ringe bestehen aus Eis, Staub und Steinen.

Mars wird auch Roter Planet genannt. Im Marsgestein kommt nämlich Rost vor, der rötlich leuchtet. Am Südpol und Nordpol vom Mars gibt es Eis – so wie bei uns auf der Erde.

Auf **Venus** ist es glühend heiß. Tagsüber und nachts herrschen dort Temperaturen von etwa 460 Grad Celsius. Auf der Venus sind 50 000 Vulkane, die giftiges Gas und flüssiges Gestein spucken.

Die **Internationale Astronomische Union** ist eine Gruppe von Wissenschaftlerinnen und Wissenschaftlern aus der ganzen Welt. Von dieser Gruppe erhalten alle neu entdeckten Planeten, Sterne und anderen Himmelskörper ihre Namen.

WELTRAUM-BÄCKEREI: MISSION MUFFIN

Für die nächste Weltraum-Party kommt hier die passende Kuchen-Idee. Verziere einfach deine Lieblings-Muffins mit diesem intergalaktischen Guss – und alle hungrigen Astronautinnen und Astronauten werden satt!

DU BRAUCHST DAFÜR:

- das Rezept für deine Lieblings-Muffins

- 1 Päckchen Vanillezucker

- 200g Puderzucker

- 6 EL Sahne

- 2 Tropfen Lebensmittelfarbe: Blau
- 2 Tropfen Lebensmittelfarbe: Pink
- 2 Tropfen Lebensmittelfarbe: Lila

- 1 EL essbare Glitzersterne oder Perlen

Backe deine Lieblings-Muffins (12 Stück). Während sie im Ofen sind, bereitest du den Guss vor:

1. Verrühre den Vanillezucker mit der Sahne und dem Puderzucker in einer Schüssel.

2. Teile den Guss auf drei kleinere Schüsseln auf.

In jede Schüssel gibst du 2 Tropfen einer anderen Lebensmittelfarbe und verrührst die Farben gut.

3. Gieße alles wieder vorsichtig in der großen Schüssel zusammen.

Verrühre den Guss leicht mit einem Zahnstocher oder einem Backstäbchen, eine Gabel geht auch.

4. Tunke nun jeden Muffin in den Guss und drehe ihn dabei leicht.

5. Streue noch etwas Glitzer oder Perlen darauf.

LASS DEN GUSS TROCKNEN UND FERTIG!

WIE WEIT IST ES BIS ZUR SONNE?

Die Entfernungen im Weltraum sind so groß, dass wir sie uns kaum vorstellen können. Die Einheit, in der man diese riesigen Entfernungen im All misst, heißt Lichtjahre.

Ein Lichtjahr ist die Strecke, die das Licht in einem Jahr zurückliegt: nämlich 9 460 895 339 246 Kilometer. Licht bewegt sich mit einer Geschwindigkeit von fast 300 000 Kilometern pro Sekunde.

Für uns sieht die Sonne etwa so groß aus wie der Mond. In Wirklichkeit ist die Sonne viel größer als der Mond, dafür aber viel weiter weg.

Die Sonne ist von der Erde etwa 150 Millionen Kilometer entfernt. Ein ICE würde für diese Strecke 60 Jahre brauchen – und dafür müsste er ununterbrochen mit 300 km/h fahren! Sonnenstrahlen brauchen für diese Strecke nur acht Minuten.

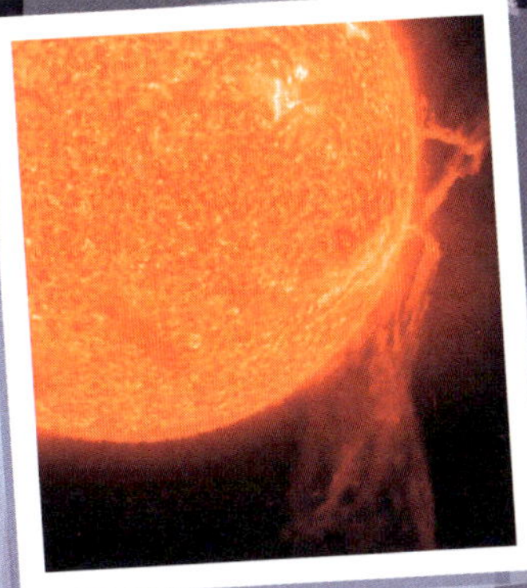

Der nächste Stern außerhalb unseres Sonnensystems heißt Proxima Centauri. Und obwohl er auch „Nachbarstern“ genannt wird, ist er unvorstellbar weit entfernt. Um zu ihm zu gelangen, bräuchte ein Raumschiff von der Erde aus etwa 40 000 Jahre! Manche Sterne sind aber auch Milliarden Lichtjahre entfernt. Bis ihr Licht auf der Erde eintrifft, sind die Sterne vielleicht schon längst erloschen.

WAS IST WELTRAUM-SCHROTT?

Als Schrott oder Müll im Weltraum bezeichnet man Dinge, die von Menschen ins All befördert wurden und nun nutzlos sind. Davon gibt es inzwischen eine ganze Menge.

Ausgebrannte Raketenantriebe, kaputte Solarplatten, alte Satelliten – all diese Objekte kreisen auf verschiedenen Umlaufbahnen um die Erde. Kaum vorstellbar, aber wahr: In den letzten Jahrzehnten wurden Tausende von Satelliten in den Weltraum gebracht. Mit diesen Satelliten nutzen wir das Internet oder auch Navigationssysteme, sie machen das Telefonieren möglich und geben Wettervorhersagen ab. Alles super! Aber nur solange, bis ein Satellit nicht mehr funktioniert.

Denn kaputte oder abgeschaltete Satelliten kehren nicht etwa zur Erde zurück. Sie bleiben auf ihrer Umlaufbahn und kreisen weiterhin um unseren Planeten. Lange Zeit kümmerte man sich gar nicht um diesen Müll. Bis er schließlich immer mehr wurde.

Dieser Weltraum-Schrott kann ziemlich gefährlich werden. Weltraumsatelliten und Raumstationen müssen immer wieder Ausweichmanöver fliegen, um Zusammenstöße mit dem Müll zu vermeiden. Denn der Müll könnte die Raumstation stark beschädigen.

Forscher und Forscherinnen haben die Müll-Teilchen, die größer als zehn Zentimeter sind, ständig im Blick. Mit Radar und Teleskopen überwachen sie den Müll, damit die Raumstation oder Satelliten rechtzeitig ausweichen können.

Der Schrott im Weltraum ist ein Problem. Was macht man dagegen? Schon jetzt wird versucht, alte Satelliten kontrolliert über dem Ozean verglühen zu lassen. In Zukunft könnten vielleicht Aufräumsatelliten umherfliegen und Schrottteile einsammeln. Oder wie wäre es mit Robotern, die durchs All fliegen und kaputte Satelliten reparieren?

Forschende schätzen, dass mindestens 900 000 Schrott-Teilchen um die Erde kreisen, die größer als ein Zentimeter sind.

WELCHE HIMMELSKÖRPER GIBT ES NOCH?

Im Weltraum gibt es nicht nur Planeten und Sterne. Viele größere und kleinere Steine, Eisbrocken und Staub bewegen sich durch die unendliche Dunkelheit. Einige davon kann man sogar von der Erde aus beobachten.

der Komet Halley

Ein Komet besteht aus Gestein und Eis. Wenn er der heißen Sonne zu nahe kommt, verdampft ein Teil von ihm. Dann siehst du einen Schweif am Himmel. Es tauchen zwar immer wieder neue Kometen auf, aber ein bestimmter Komet kommt regelmäßig vorbei: Der Komet Halley kehrt alle 76 Jahre in die Nähe unserer Sonne zurück. Das nächste Mal ist sein Schweif im Jahr 2061 zu sehen!

Auch eine Sternschnuppe zieht einen Schweif hinter sich her. Eine Sternschnuppe entsteht, wenn ein Meteoroid in die Atmosphäre der Erde gelangt. Meteoroiden können so klein wie ein Staubkorn oder so groß wie ein Wohnhaus sein. Sie sind feste Körper aus Gestein, ganz selten aber auch aus Metall. Beim Eintritt in die Erdatmosphäre leuchtet der Himmelskörper auf und verglüht. Die Forschung spricht dann von einem Meteor, aber wir alle kennen den leuchtenden Schweif besser als Sternschnuppe.

Asteroid

Dann gibt es noch Asteroiden. Das sind große Felsbrocken, die durchs All schweben.

Asteroiden bestehen aus Gestein. Einige enthalten auch Metalle. Sie sind unregelmäßig geformt und sehen ganz verschieden aus. Wie ein Planet reflektiert auch ein Asteroid das Licht der Sonne. Manche Asteroiden lassen sich von der Erde aus mit einem Fernrohr entdecken. Asteroiden können einen Durchmesser von bis zu 1 000 Kilometern haben. Wie die Planeten kreisen sie auf festen Umlaufbahnen um die Sonne.

WANN FALLEN DIE MEISTEN STERNSCHNUPPEN?

Wusstest du, dass es im Jahr eine ganz bestimmte Zeit gibt, in der du besonders viele Sternschnuppen am Nachthimmel sehen kannst?

Jedes Jahr zwischen Ende Juli und Anfang August gibt es viel mehr Sternschnuppen als sonst zu entdecken. Das liegt an den Perseiden, einem großen Meteor-Schauer. Dieser Meteor-Schauer zieht einmal im Jahr an der Erde vorbei. Und das hängt mit den Kometen zusammen.

Hast du die Sternschnuppe schon entdeckt?

Kometen sind kilometergroße Brocken aus Gestein und Eis. Und jedes Mal, wenn ein Komet an der Sonne vorbeifliegt, löst sich etwas von diesen Brocken ab. Es entstehen also Spuren im Weltall. Das kannst du dir so vorstellen, wie wenn du von draußen mit dreckigen Schuhen hereinkommst. Dann hinterlässt auch du eine Spur auf dem Fußboden: etwas Schmutz, kleine Steinchen …

Wenn unsere Erde nun auf ihrem Weg um die Sonne in solch eine Spur aus Gestein und Staub gerät, gibt es einen Sternschnuppen-Regen bei uns! Denn wenn diese Stückchen mit Rekord-Geschwindigkeit auf die Lufthülle der Erde prallen, verglühen sie. Das sehen wir dann als Sternschnuppen am Nachthimmel.

MAUSSCHLAU!

Neben den Perseiden gibt es noch andere Meteor-Schauer: Anfang November ist zum Beispiel der Leoniden-Schauer zu sehen und Mitte Dezember leuchtet der Geminiden-Schauer am klaren Nachthimmel.

WIE VIELE STERNBILDER GIBT ES?

Seit Jahrtausenden beobachten die Menschen die Sterne am Nachthimmel. Welche Figuren oder Formen entdeckst du, wenn du die Sterne beobachtest?

Die Internationale Astronomische Union erkennt heute 88 verschiedene Sternbilder an. Eines der bekanntesten ist der Große Bär. Seine sieben hellsten Sterne bilden zusammen die Sterngruppe des Großen Wagens.

Alle Sternbilder stellen Wesen und Dinge dar. Vor etwa 3 500 Jahren wurden die zwölf Tierkreiszeichen von den Babyloniern erfunden: Wassermann, Fische, Widder, Stier, Zwillinge, Krebs, Löwe, Jungfrau, Waage, Skorpion, Schütze und Steinbock. All diese Sternbilder liegen auf einer Bahn. Während eines Jahres ist immer eines dieser zwölf Tierkreiszeichen besonders gut sichtbar. So wird auch heute noch ein Geburtsdatum einem bestimmten Sternzeichen zugeordnet.

WEIßT DU, WELCHES STERNZEICHEN DU HAST?

Verbinde die Sterne zum Sternbild Orion!

Die alten Griechen dachten sich vor 2 000 Jahren noch weitere Figuren am Nachthimmel aus. So wurde das Sternbild Orion nach einem Jäger aus ihren Sagen benannt. Auch das geflügelte Pferd Pegasus erkannten die Griechen am Nachthimmel, genauso wie die Prinzessin Andromeda oder den Helden Perseus.

Weil sich die Erde
um sich selbst dreht
und um die Sonne bewegt,
sieht der Sternenhimmel für uns
immer anders aus. So sind die meisten Sternbilder nicht das ganze Jahr über sichtbar und im Sommer sehen wir andere Sternbilder als im Winter. Das Sternbild Orion zum Beispiel ist besonders gut im Winter zu finden, der Löwe im Frühjahr.

Wusstest du, dass die Sternbilder früher sehr wichtig waren? Bevor es einen Kompass gab, orientierten sich die Seefahrer an den Sternbildern. Der Blick in den Nachthimmel half ihnen dabei, sich auf dem dunklen Meer zurechtzufinden.

MAUSSCHLAU!

Mittlerweile gibt es auch Sternbilder mit dem Namen „Giraffe“ oder „Einhorn“. Sogar eine neuere Erfindung wie das „Mikroskop“ ist am Himmel zu entdecken.

SPIEL: STERNBILDER AUSDENKEN

DU BRAUCHST:

- eine sternenklare Nacht
- mindestens einen Mitspieler oder eine Mitspielerin

UND SO GEHT'S:

Wer erkennt die meisten Bilder am Himmel? Schaut euch die Sterne an und überlegt, welche Figuren sie ergeben. Vielleicht entdeckst du eine Kaffeekanne und dein Mitspieler einen Baum oder einen Buchstaben des Alphabets.

Hier kannst du selbst eintragen, was für Sternbilder du am Nachthimmel entdeckst:

Datum (Nacht):	Was entdeckt:
....	....
....	....
....	....
....	....
....	....
....	....
....	....
....	....

MAUS-TIPP:

Auf dem Land oder in den Bergen, weit weg von hell beleuchteten Städten und Dörfern, kannst du die Sterne am besten beobachten und oft sogar viel mehr davon sehen.

Achte aber beim Sternebeobachten darauf, dass nicht gerade Vollmond ist. Denn auch das Licht des Mondes stört beim Beobachten der Sterne. Am besten gelingt das Sternegucken bei Neumond.

SELBSTGEMACHT: STERNLAMPE

DU BRAUCHST DAFÜR:

- 1 Klopapierrolle

- etwas Pappe

- eine dicke Nadel

- eine Schere und einen Stift

- Klebstoff

- eine Taschenlampe

- eventuell buntes Tonpapier oder Sticker

SO MACHST DU ES:

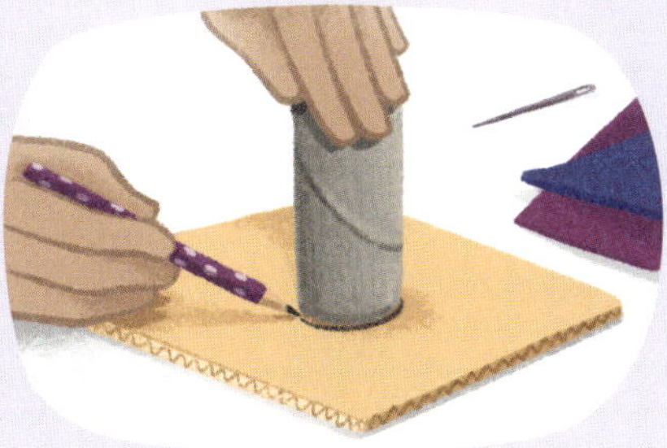

1. Stelle die Klopapierrolle auf die Pappe und zeichne den Umriss nach.

2. Schneide den Pappkreis aus. Er sollte genau auf die Öffnung der Rolle passen.

3. Denke dir ein Sternbild aus und zeichne die Sterne als Punkte auf die Pappe. Mit der Nadel stichst du in die Stern-Punkte.

4. Klebe den Pappkreis mit den Löchern auf die Öffnung der Rolle.

5. Hast du Lust, deine Rolle noch zu verzieren? Klebe buntes Tonpapier ringsum oder verziere sie mit Aufklebern.

Wenn du nun abends ins Bett gehst und es ganz dunkel geworden ist, steckst du die Taschenlampe in die Papprolle. Knipse die Lampe an und halte deine Rolle nah an die Wand. Siehst du dein Sternbild leuchten?

SELBSTGEMACHT: FOTOS VOM NACHTHIMMEL

DU BRAUCHST:

- einen guten Fotoapparat oder ein Smartphone mit einer Foto-App, in der du unterschiedliche Belichtungszeiten einstellen kannst
- ideal wäre außerdem: ein Stativ

UND SO GEHT'S:

Am besten funktioniert die Nachthimmel-Fotografie an einem abgelegenen Ort. Bist du weit genug entfernt von der Stadt und ihren Lichtern? Dann kann es losgehen!

1. Stelle den Fotoapparat oder dein Smartphone auf das Stativ. So ist sichergestellt, dass die Fotos nicht verwackeln. Nun stellst die Belichtungszeit auf 20 Sekunden ein. Was siehst du auf dem Bild? Kannst du schon einzelne Sterne erkennen?

Bei ganz langen Belichtungszeiten könnten sogar Bewegungen der Sterne zu erkennen sein. Gelingt dir das auch?

Und nun probierst du aus, was passiert, wenn du die Belichtungszeit verlängerst. Zunächst auf vielleicht 40 Sekunden, dann auf eine Minute. Je länger die Belichtungszeit ist, umso mehr Sterne wirst du auf den Fotos sehen.

VIEL SPAß BEIM AUSPROBIEREN!

WAS IST EIN TELESKOP?

Ein Teleskop ist ein Fernrohr, mit dem man Dinge in der Ferne stark vergrößert sehen kann. So können wir von der Erde aus zum Beispiel Planeten oder Sterne beobachten, die mit dem bloßen Auge nicht zu erkennen sind.

Die Wissenschaft von den Sternen und Planeten heißt Astronomie. Ein Astronom oder eine Astronomin erforscht Sterne und Planeten. Galileo Galilei war ein berühmter Astronom aus Italien, der schon vor über 400 Jahren ein Teleskop benutzte. Damals war das Teleskop gerade erfunden worden. Er konnte damit zum ersten Mal Berge und Krater auf dem Mond sehen. Und sogar Monde um den Planeten Jupiter.

Das Wort „teleskópos“ kommt aus der altgriechischen Sprache und bedeutet „weit schauend“. Heutzutage kann man mit Teleskopen tatsächlich viel weiter in den Weltraum schauen, als es Galileo Galilei möglich war. Dank moderner Technik sind nun Galaxien sichtbar, die sich Milliarden von Lichtjahren von der Erde entfernt befinden.

Auf Hawaii stehen zwei der größten Teleskope der Welt.

Auf dem Vulkan Mauna Kea (Hawaii) befinden sich gleich mehrere Großteleskope. Denn in einer Höhe von über 4 000 Metern sind die Nächte meist wolkenlos und besonders klar. Auch in der Atacama-Wüste in Chile stehen große Teleskope. In der Wüste ist es so trocken, dass es nur ein- oder zweimal im Jahr regnet. Es gibt dort fast keine Wolken – dafür aber einen sehr schönen Sternenhimmel!

Es gibt aber auch Teleskope, die im Weltraum umherfliegen. Sie werden mit Raketen ins All geschossen. Im Weltall fotografieren sie Monde, Planeten, Kometen oder unbekannte Himmelskörper. Die Bilder werden dann wieder zur Erde gesendet. Besonders bekannt ist das Weltraumteleskop Hubble. In einem Abstand von etwa 600 Kilometern umkreist es die Erde schon seit dem Jahr 1990. Jeden Tag schickt es viele Bilder aus dem All.

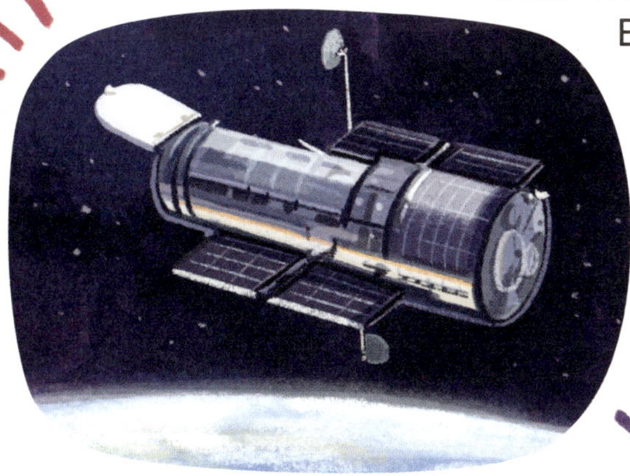

WARUM IST NICHT IMMER VOLLMOND?

Mal sehen wir den Mond als Vollmond, mal als Halbmond oder auch mal nur als schmale Sichel. Das sind die verschiedenen Mondphasen.

Der Mond ist kein Planet. Er dreht sich nicht um die Sonne. Der Mond dreht sich um die Erde. Er ist ihr ständiger Begleiter. Um die Erde einmal zu umkreisen, braucht der Mond 27 Tage. In dieser Zeit dreht er sich auch einmal ganz um sich selbst. Die Rückseite des Mondes bekommen wir daher auf der Erde nie zu sehen.

Der Mond kann nicht von selbst leuchten. Er wird von der Sonne angestrahlt. Und weil der Mond um die Erde kreist, wird jede Nacht ein größerer oder kleinerer Teil seiner Oberfläche von der Sonne beleuchtet.

Die Erde hat nur einen Mond. Doch es gibt auch Planeten, die von vielen verschiedenen Monden begleitet werden. So hat der Planet Jupiter mindestens 95 Monde!

Die vier größten Monde des Jupiter heißen Io, Europa, Ganymed und Kallisto. Sie wurden vor mehr als 400 Jahren von dem italienischen Gelehrten Galileo Galilei entdeckt.

SELBSTGEMACHT: MONDKALENDER

In diesem Buch hast du jetzt schon eine Menge über unser Sonnensystem gelesen. Du weißt, dass sich die Erde um die Sonne dreht und der Mond unsere Erde ständig begleitet. Wo steht der Mond heute? Und wo steht er in einer Woche? Mit deinem eigenen Mondkalender kannst du die Mondphasen genau beobachten.

DU BRAUCHST:

- ein Notizbuch, einen Stift und einen Monat Geduld

UND SO GEHT'S:

Welcher Tag ist heute?

Schreibe das Datum auf die erste Seite deines Buches. Hier beginnt deine Mond-Beobachtung.

Das machst du so lange, bis du zweimal einen Vollmond und zweimal einen Neumond erlebt hast.

WIE VIEL ZEIT IST ZWISCHEN ZWEI VOLLMONDEN UND ODER ZWEI NEUMONDEN VERSTRICHEN?

Das kannst du mit deinem Mondkalender genau bestimmen.

VIEL SPAß!

WIE SIEHT ES AUF DEM MOND AUS?

Auf dem Mond gibt es viele **Krater**. Das liegt daran, dass der Mond keine schützende Atmosphäre hat. So sind auf der Oberfläche immer wieder große **Meteoriten** eingeschlagen.

Mit einem einfachen Fernglas kannst du die Krater auf dem Mond erkennen.

Die Meteoriten haben die Oberfläche des Mondes sozusagen zerbröselt. Der Boden dort ist sehr staubig. Auf dem Mond gibt es keinen Wind und kein flüssiges Wasser. Selbst heute könnte man dort noch die Stiefelabdrücke der ersten Astronauten sehen, die den Mond besucht haben. Und das war vor mehr als 50 Jahren!

Auf dem Mond ist die Schwerkraft viel geringer als auf der Erde. Deshalb konnten die Astronauten bei ihrem Spaziergang auf dem Mond ohne Probleme zwei Meter weit springen! Auf den Filmaufnahmen von damals sieht das so aus, als ob sich die Astronauten in Zeitlupe hüpfend fortbewegten.

Wenn der Mond von der Sonne angestrahlt wird, steigen die Temperaturen auf bis zu 130 Grad Celsius. Während der Mondnacht wird es dort bis zu minus 160 Grad Celsius kalt. Flüssiges Wasser, Seen oder Flüsse gibt es auf dem Mond nicht. Und damit – anders als auf der Erde – auch kein Leben.

Die weiten dunklen Flächen auf dem Mond werden Mondmeere genannt. Denn früher hielten die Menschen diese Tiefebenen für riesige Wasserbecken. Der italienische Sternforscher Giovanni Battista Riccioli gab den „Meeren“ im Jahr 1651 diese wunderbaren Namen:

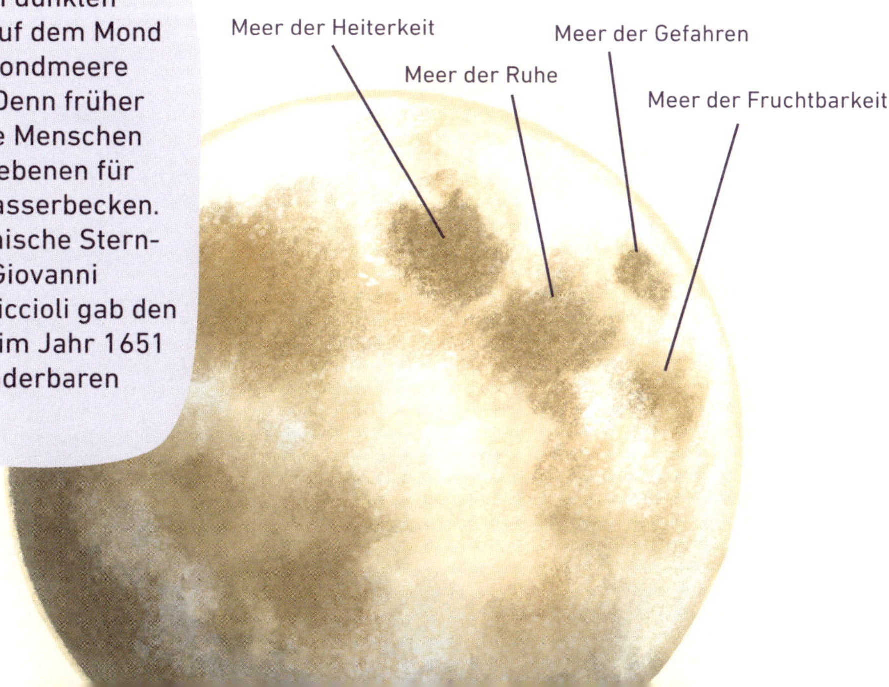

WIE LANGE BRAUCHT DIE ERDE FÜR EINE RUNDE UM DIE SONNE?

Die Zeit, die die Erde für einen Rundlauf um die Sonne braucht, nennen wir ein Jahr. Ein Jahr hat 365 Tage.

Ganz genau genommen braucht die Erde für eine Runde um die Sonne 365 Tage und sechs Stunden. Diese sechs Stunden sorgen dafür, dass es alle vier Jahre einen weiteren Tag im Kalender gibt: den 29. Februar. Solch ein Jahr heißt Schaltjahr.

Die Strecke, die die Erde bei einer Umkreisung zurücklegt, ist wahnsinnig lang: 940 Millionen Kilometer! Um diese enorme Strecke zu schaffen, muss die Erde ganz schön schnell sein. Mit einer rasenden Geschwindigkeit von über 100 000 Kilometern pro Stunde fliegt sie durchs All. Das bedeutet, dass sie sich in einer Sekunde 30 Kilometer weit bewegt!

MAUSSCHLAU!

Für einen Umlauf um die Sonne braucht Uranus 84 Jahre und Neptun ganze 165 Jahre!!

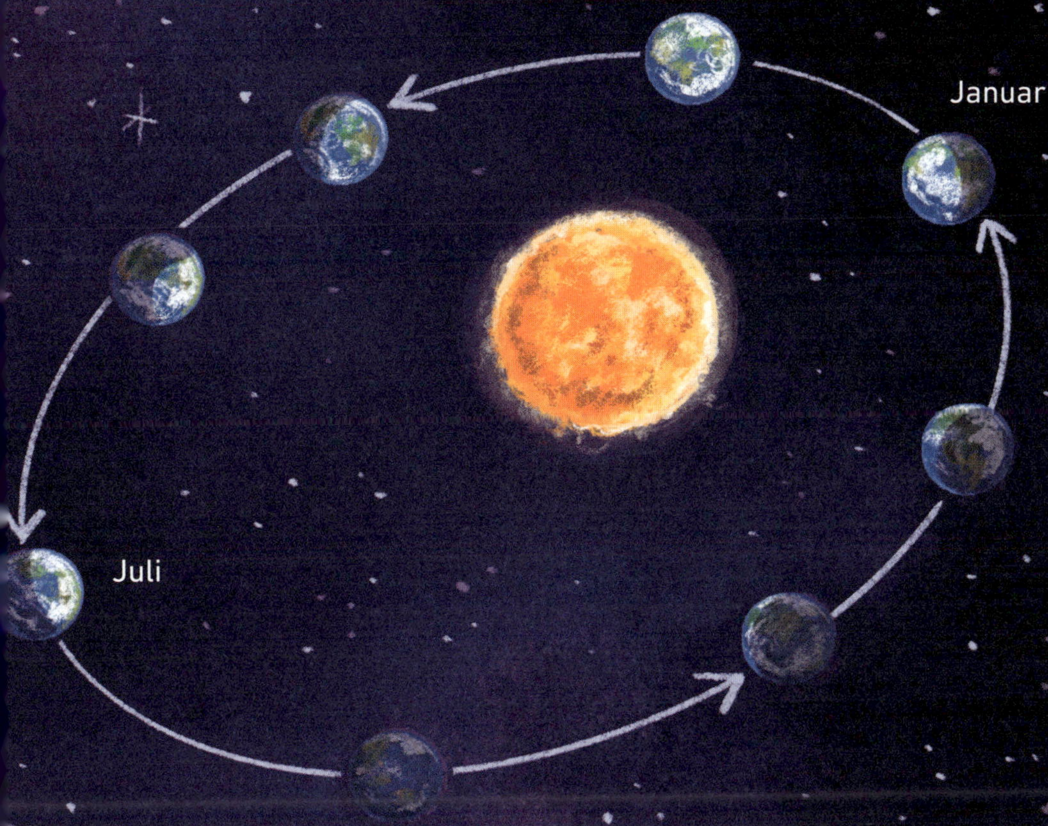

In einem Jahr umkreist die Erde einmal die Sonne.

Die Umlaufbahn der Erde ist übrigens nicht kreisrund, sondern eher oval. Das bedeutet, sie sieht ein kleines bisschen eiförmig aus. Aber Vorsicht! Ausgerechnet dann, wenn bei uns Sommer ist, ist die Erde am weitesten von der Sonne entfernt.

Dass es trotzdem im Sommer – zumindest bei uns – am wärmsten ist, liegt einfach daran, dass die Sonne dann besonders hoch am Himmel steht und damit alles viel besser aufwärmen kann als im Winter.
Die unterschiedliche Entfernung der Erde von der Sonne im Laufe des Jahres fällt da kaum ins Gewicht.

WIE SIEHT DIE ERDE AUS DEM ALL AUS?

Aus dem Weltall sieht die Erde wie eine blau schimmernde Kugel aus. Das liegt daran, dass sie zum größten Teil von Wasser bedeckt ist. Die Erde wird deshalb auch „der blaue Planet" genannt.

Die Erde ist ein ganz besonderer Planet. Wir kennen keinen anderen Ort im Weltraum, auf dem es Lebewesen wie Pflanzen, Tiere und Menschen gibt. Nur auf der Erde sind ausreichend Wasser und Sauerstoff vorhanden, den wir zum Atmen brauchen. Die Entfernung zur Sonne ist gerade so, dass die Temperaturen angenehm sind. Die Sonne spendet uns lebenswichtiges Licht und Wärme.

Die Erde ist von einer Lufthülle umgeben. Diese Hülle wird Atmosphäre genannt. Sie schützt uns vor schädlichen Strahlen aus dem Weltraum.

Von der Erde aus sehen die Atmosphäre und unser Himmel endlos weit aus. Doch aus dem All betrachtet ist diese Lufthülle nur ein schmaler Streifen. Alles, was uns auf der Erde riesig erscheint, sieht aus dem All ganz klein aus.

Auf der Internationalen Raumstation (ISS) können die Astronauten und Astronautinnen die Erde noch nicht als ganze Kugel sehen. Dafür fliegt die Raumstation einfach noch zu nah um die Erde. Die ISS kreist in einer Höhe von etwa 600 Kilometern um unseren Heimatplaneten. Von dort oben ist aber schon die Krümmung der Erde zu sehen.

Und das Team auf der ISS kann ganze Kontinente auf einen Blick erkennen. Stell dir vor, du würdest ganz Europa von oben sehen! Oder einen ganz langen Fluss von seiner Quelle bis zur Mündung ins Meer!

WAS IST DIE RAUMSTATION ISS?

Die ISS ist ein großes Forschungslabor im Weltraum. Es umkreist die Erde in einer Höhe von etwa 400 Kilometern und wird von Astronauten und Astronautinnen bewohnt.

Die Abkürzung ISS steht für den englischen Namen „International Space Station“ (Internäschjonäl Späjs Stäjschon). International ist die Raumstation, weil dort Astronauten und Astronautinnen aus verschiedenen Ländern der Welt arbeiten. Seit dem Jahr 2000 ist sie ständig bewohnt. „Space“ ist das englische Wort für „Weltraum“.

Die ISS ist ungefähr so groß wie ein Fußballfeld und besteht aus mehreren Teilen. Diese Teile werden auch Module genannt. Ein Modul ist zum Beispiel das Forschungslabor Columbus, das 2008 von einer Raumfähre zur ISS gebracht wurde. In diesem Labor werden verschiedene Versuche durchgeführt. Forscher und Forscherinnen auf der Erde wollen zum Beispiel wissen, wie Pflanzen in der Schwerelosigkeit wachsen. Eine andere Frage ist, wie Menschen dauerhaft im All leben können. Die Geräte für manche dieser Experimente lassen sich von der Erde aus steuern.

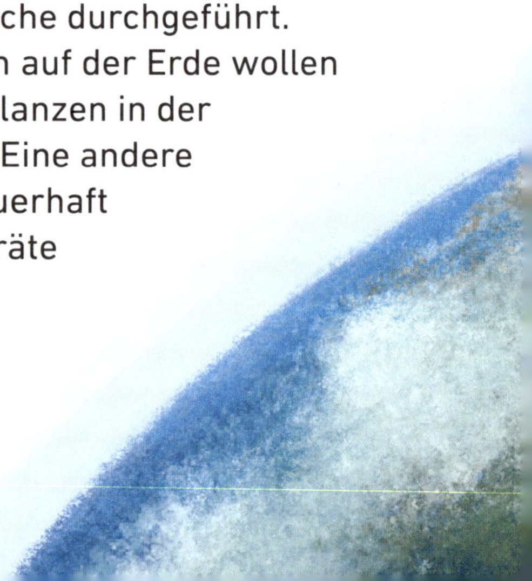

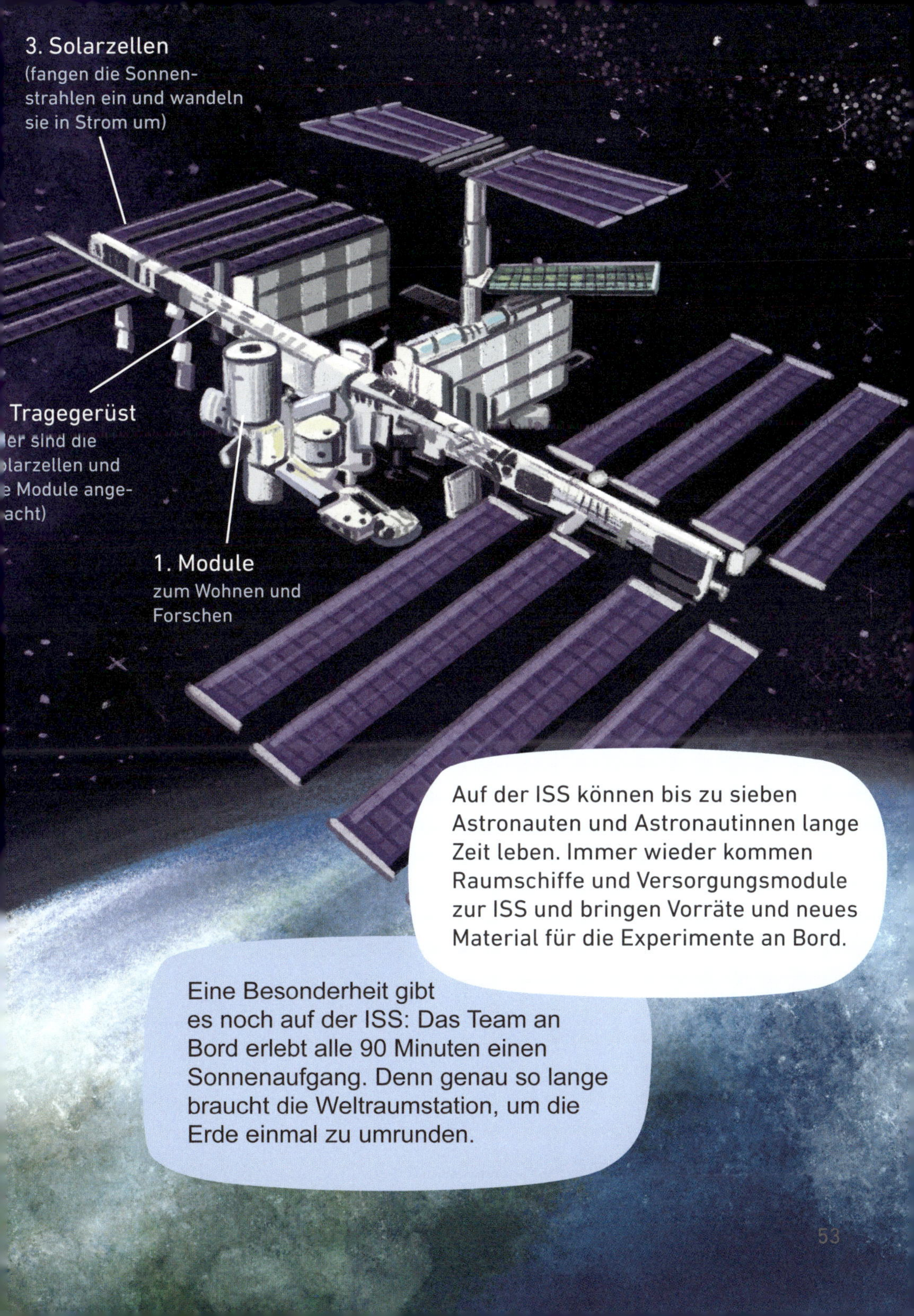

Auf der ISS können bis zu sieben Astronauten und Astronautinnen lange Zeit leben. Immer wieder kommen Raumschiffe und Versorgungsmodule zur ISS und bringen Vorräte und neues Material für die Experimente an Bord.

Eine Besonderheit gibt es noch auf der ISS: Das Team an Bord erlebt alle 90 Minuten einen Sonnenaufgang. Denn genau so lange braucht die Weltraumstation, um die Erde einmal zu umrunden.

WIE PUTZT MAN SICH IM ALL DIE ZÄHNE?

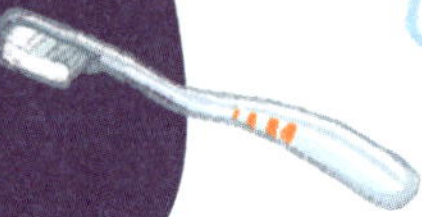

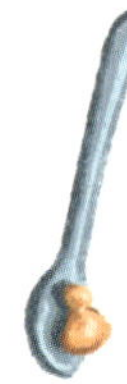

Im All ist alles schwerelos. Das bedeutet: Alles schwebt davon, wenn man es nicht festhält. Also auch die Zahnputzbecher, Zahnbürste und Zahnpasta!

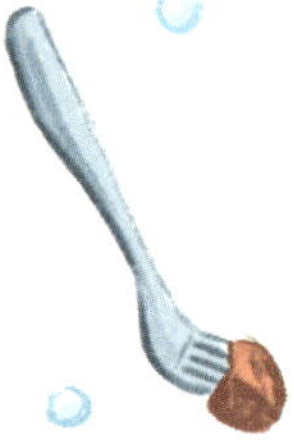

Für das Zähneputzen im Weltall wurde eine ganz spezielle Zahnpasta entwickelt. Dafür braucht man nur einen Tropfen Wasser, der aus einer weiteren Tube kommt. Schnell noch ein kleiner Streifen Weltraum-Zahnpasta auf die Bürste – und schon kann das Geschrubbe beginnen. Aber Vorsicht, der Mund muss dabei geschlossen bleiben. Denn sonst würde der ganze Schaum ja davonfliegen!

Fertig geputzt? Dann würdest du zu Hause einfach ins Waschbecken spucken. Auf der Raumstation geht auch das nicht. Deshalb ist die Zahnpasta für Astronauten und Astronautinnen essbar. Sie kann also einfach hinuntergeschluckt werden. Praktisch. Aber ob das gut schmeckt?

Auf der Raumstation ist alles anders als auf der Erde:

Auch das Schlafen funktioniert nicht so einfach. Um beim Träumen nicht davonzuschweben, muss sich das Team an Bord in Schlafsäcken anschnallen.

Zum Waschen benutzt man auf der ISS feuchte Tücher. Wasser muss von der Erde heraufgebracht werden und ist daher sehr kostbar.

Haareschneiden ist auch im Weltraum möglich. Doch müssen die kleinen Härchen sofort mit einem Staubsauger aufgesaugt werden, bevor sie durch die Luft schweben.

Und das Essen ist natürlich auch nicht so einfach. Alles ist in kleinen Tüten verpackt – und beim Löffeln müssen die Astronauten und Astronautinnen aufpassen, dass nichts davonfliegt.

WIE KOMMT DAS TEAM ZUR ISS?

Leiter zum Mond – das wäre doch was! Aber leider funktioniert das natürlich nicht. Ein Flugzeug? Das geht auch nicht. Denn zum Fliegen brauchen die Motoren der Flugzeuge Luft. Und die gibt es im Weltraum nicht.

Für eine Reise ins All braucht man eine Rakete. Mit unglaublicher Geschwindigkeit starten Raketen von einem Weltraumbahnhof in Richtung All. Dabei überwinden sie die starke Anziehungskraft der Erde.

Und wie gelangen die Astronauten und Astronautinnen jetzt zur ISS? Zum Beispiel mit der Sojus-Kapsel aus Russland. Die Sojus-Kapsel ist ein Raumschiff, das mithilfe einer Rakete ins All gebracht wird.

Die Rakete besteht aus mehreren Raketenstufen. Jede Stufe hat einen eigenen Tank und ein eigenes Triebwerk. Auf dem Weg zur ISS fallen die verbrauchten Stufen nach und nach ab (1-4). Sie verglühen in der Atmosphäre oder fallen ins Meer.

In den Triebwerken der Rakete wird Treibstoff verbrannt. Dabei entstehen Gase, die mit enormer Geschwindigkeit hinten aus der Rakete austreten. Auf diese Weise wird ein Rückstoß erzeugt – und die Rakete nach vorn „geschoben“. Diese Kraft nach vorn nennt man Schubkraft.

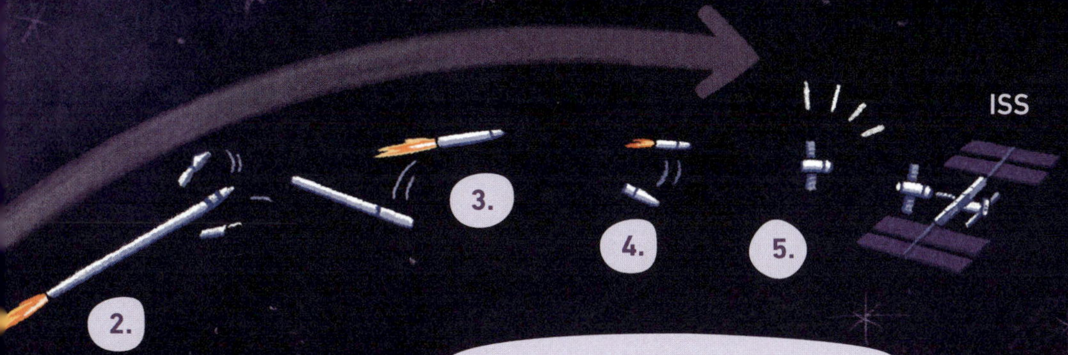

Zum Schluss bleibt nur noch die Kapsel übrig (5). Sie dockt dann an der ISS an und bleibt solange dort, bis die Astronauten und Astronautinnen mit ihr wieder zurück zur Erde kommen.

Auf der nächsten Doppelseite kannst Du das Rückstoß-Prinzip in einem Experiment selbst ausprobieren.

EXPERIMENT: RAKETENSTART

Stell dir mal einen prall aufgeblasenen Luftballon vor, der nicht zugeknotet ist. Wenn du ihn nun loslässt, zischt hinten Luft heraus und der Ballon düst in die entgegengesetzte Richtung los – also nach vorn. Dazu sagt man auch Rückstoßprinzip. So ähnlich wie der Ballon funktioniert eine Rakete. Das kannst du mit einem ganz einfachen Experiment nachmachen.

DU BRAUCHST DAFÜR:

- einen länglichen Luftballon

- einen Trinkhalm

- Schnur (Wolle oder Angelschnur, etwa 10 Meter)

- Klebeband

- eine Wäscheklammer

- zwei Stühle

SO MACHST DU ES:

1. Puste den Ballon auf.

2. Verschließe den Ballon fest mit einer Wäscheklammer, sodass keine Luft herauskommen kann.

3. Fädele die Schnur durch den Trinkhalm. Spanne die Schnur straff zwischen zwei Stühlen und knote die Enden an beiden Stühlen fest.

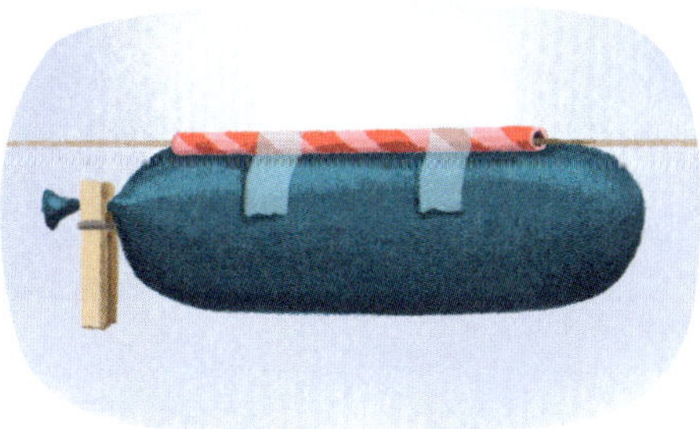

4. Nun klebst du zwei Streifen vom Klebeband am Trinkhalm fest. Der Luftballon wird von untcn an die Klebestreifen geklebt.

5. Ziehe den Ballon an der Schnur zu einem der Stühle. Die Seite mit der Wäscheklammer sollte zum Stuhl zeigen.

6. Jetzt heißt es: Start! Entferne die Wäscheklammer – und schon saust der Luftballon wie eine Rakete die Schnur entlang.

! WAS PASSIERT, WENN DU DEN LUFTBALLON NICHT SO PRALL AUFPUSTEST? SAUST ER GENAUSO SCHNELL LOS?

WOZU GIBT ES RAUMANZÜGE?

Raumanzüge schützen die Astronauten und Astronautinnen vor Hitze, Kälte und der gefährlichen Strahlung im Weltall.

Ein Raumanzug besteht aus mehreren Schichten Stoff und Metall. Der Kopf des Raumfahrers oder der Raumfahrerin steckt in einem Helm. Über den Anzug werden die Astronauten und Astronautinnen außerdem mit Sauerstoff versorgt. Den erhalten sie aus einem Rucksack, in dem auch Wasser, die Stromversorgung und eine kleine Antriebseinheit (fast wie eine Mini-Rakete) dabei sind.

Für die Astronauten und Astronautinnen ist das Tragen eines Raumanzugs sehr anstrengend. Denn sie können sich darin nicht so leicht bewegen und haben durch den Helm nur ein kleines Sichtfeld. Der komplette Anzug wiegt bis zu 150 Kilogramm – das ist aber in der Schwerelosigkeit kein Problem.

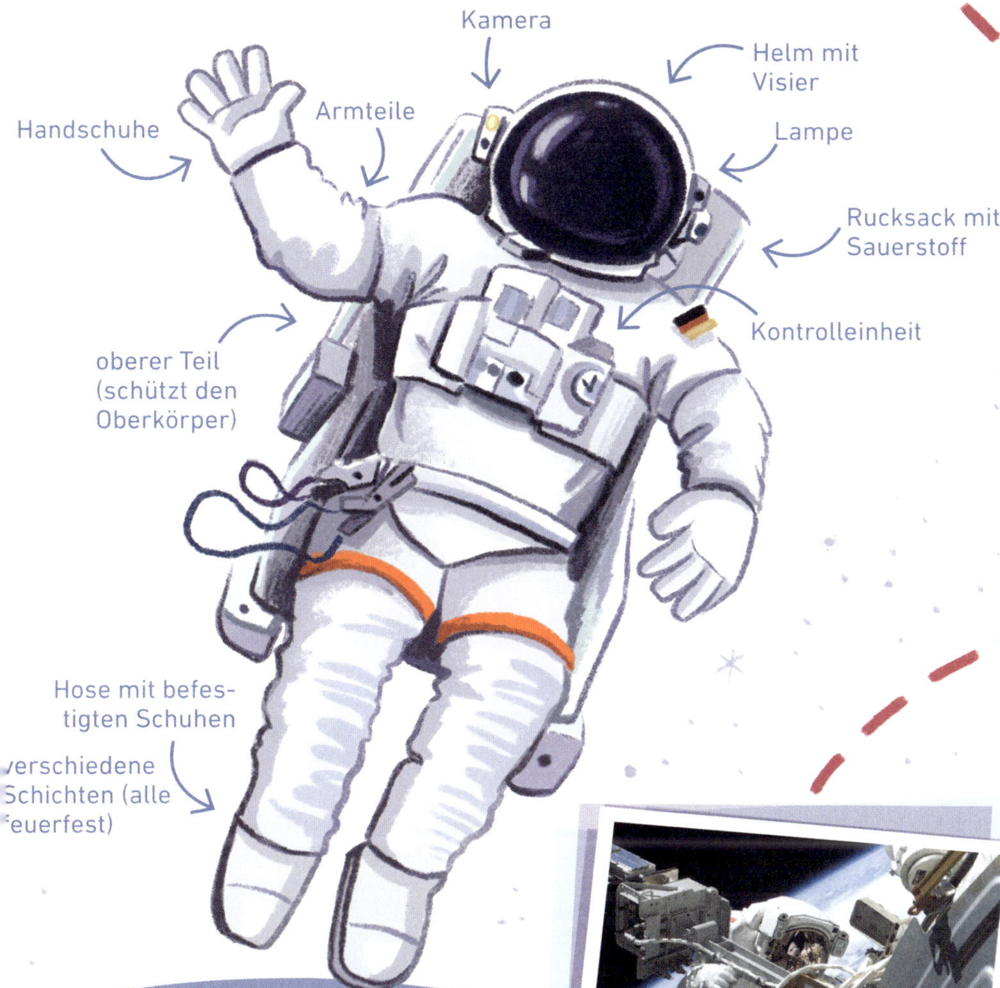

An Bord der ISS trägt das Team keine Raumanzüge. Denn im Inneren der Raumstation gibt es Luft zum Atmen. Muss allerdings von außen etwas an den Modulen repariert werden, geht das nur im Raumanzug. Natürlich sind die Astronauten und Astronautinnen dann mit dem Modul verbunden – sonst würden sie ja davonschweben.

Ein Astronaut bringt von außen eine Kamera an der Weltraumstation an.

WIE WIRD MAN ASTRONAUT ODER ASTRONAUTIN?

Bevor Astronautinnen und Astronauten ins All starten, müssen sie eine lange Ausbildung machen. Und selbst danach müssen sie manchmal noch einige Jahre warten, bis es endlich losgeht. Denn in Raketen gibt es nicht besonders viele Plätze.

Während ihrer Ausbildung lernen Astronautinnen und Astronauten viel über Medizin, Chemie, Physik und Biologie. Das ist wichtig, damit sie später all die Experimente durchführen können, die auf der ISS gemacht werden.

Eine Astronautin muss bestens mit der Technik vertraut sein und schnell reagieren können.

Natürlich müssen sich die Astronautinnen und Astronauten sehr gut mit der Technik der Raumstation auskennen. Sportlich und gesund müssen sie auch sein. Dafür trainieren sie zum Beispiel in einem Tauchbecken. Denn unter Wasser fühlt es sich fast so an, als würde man sich in der Schwerelosigkeit bewegen.

Das Tauchen im Schwimmbecken gehört zum Weltraum-Training dazu.

In der Ausbildung wird das Fliegen von Flugzeugen geübt. Das ist zwar ganz anders, als ein Raumschiff zu steuern. Aber man lernt, schnell zu reagieren. Denn wie ein Pilot oder eine Pilotin eines Flugzeugs müssen die Astronauten und Astronautinnen auf der ISS schnelle Entscheidungen treffen und in stressigen Situationen ruhig bleiben.

Da die ISS ein internationales Projekt ist, werden dort oben auch verschiedene Sprachen gesprochen. Neben Englisch lernen die Astronauten und Astronautinnen noch weitere Sprachen. Es ist wichtig, dass sie gern im Team arbeiten – schließlich müssen sie auf der Raumstation gut zusammenleben und sich ganz aufeinander verlassen können.

WUSSTEST DU, dass es Teile der ISS auch nachgebaut auf der Erde gibt? So können sich die Astronautinnen und Astronauten genau auf ihre Arbeit in den verschiedenen Modulen vorbereiten. Auch einen Raumkapsel-Simulator gibt es – damit später das Andocken an der ISS reibungslos gelingt.

SPIELE: ASTRONAUTENTRAINING

Klar, für einen Weltraum-Spaziergang muss man richtig fit sein. Mit diesem Training bist du bestens vorbereitet für den nächsten Ausflug zu den Sternen. Richtig Spaß machen die Spiele mit vielen Kindern zusammen – vielleicht bei deiner nächsten Geburtstagsfeier?

SCHWINDELFREI-TEST

DU BRAUCHST:

- ein langes Seil oder Straßenmalkreide

Im Weltraum sollte man immer das Gleichgewicht halten können. Legt ein Seil im Garten oder auf der Wiese aus oder malt mit Straßenmalkreide einen langen Strich auf den Boden. Nun wird ein Kind ein paar Mal schnell im Kreis gedreht. Und dann geht's auf das Seil oder den langen Strich: Wer schafft es, die Balance zu halten und bis ans Ziel zu kommen, ohne „herunterzufallen"?

SUPERMERK-TEST

DU BRAUCHST:

- zehn verschiedene Gegenstände

Astronauten und Astronautinnen müssen ein gutes Gedächtnis haben, sich ganz viel merken und blitzschnell reagieren können. Sucht euch zehn verschiedene Gegenstände aus und legt sie zusammen auf den Boden. Nun wird ein Kind ausgewählt, das einen Gegenstand entfernen darf. Dabei halten sich alle anderen Mitspielenden die Augen zu. Was fehlt? Wer zuerst die richtige Antwort ruft, darf den nächsten Gegenstand verstecken.

WELTRAUM-MOTORIK-TEST

DU BRAUCHST:

- Schokolade, Küchenhandtücher, Bindfaden,
- Messer und Gabel, Handschuhe, einen Würfel

Reparaturarbeiten von außen an der Raumstation können ganz schön mühsam sein. Vor allem mit den klobigen Handschuhen! Verpackt etwas Leckeres (zum Beispiel eine Tafel Schokolade) in ein Geschirrhandtuch und verknotet es fest mit dem Bindfaden. Dann kommt wieder ein Handtuch darum und wieder ein Faden. Das macht ihr mehrmals, bis die Leckerei gut eingepackt ist. Reihum wird gewürfelt. Würfelt ein Kind eine Sechs, zieht es die Handschuhe an, nimmt sich Messer und Gabel und macht sich ans Auspacken. Doch nur so lange, bis die nächste Sechs gewürfelt wird. Dann wird alles weitergegeben.

Das Spiel endet, wenn die Leckerei ausgepackt ist. Die habt ihr euch verdient!

NASA UND ESA – WAS SOLL DAS DENN BEDEUTEN?

Diese Abkürzungen stehen für zwei Weltraumorganisationen. NASA ist eine US-amerikanische und ESA eine europäische Organisation für die Erforschung des Weltraums.

Die beiden Namen sind Abkürzungen für englische Begriffe. NASA steht für „National Aeronautics and Space Administration". Ins Deutsche übersetzt heißt das so viel wie „Nationale Behörde für Luft- und Raumfahrt". ESA ist die Abkürzung für „European Space Agency", das bedeutet „Europäische Weltraumorganisation". 22 europäische Staaten sind Mitglied in der ESA, darunter auch Deutschland und die Schweiz. Die NASA gibt es seit 1958, die ESA wurde 1975 gegründet.

NASA

esa

Beide Organisationen haben zum Ziel, den Weltraum zu erforschen und Astronauten und Astronautinnen ins All zu schicken.

Für die NASA ist besonders der Weltraum-Bahnhof in Florida bedeutsam, von dem aus auch die bekannten Apollo-Missionen starteten.

Die ESA hat einen großen Weltraum-Bahnhof in Kourou in Französisch-Guayana. Das liegt in Südamerika ganz in der Nähe des Äquators. Von dort können die Ariane-Raketen besonders gut ins Weltall starten.

Eine Rakete vom Typ Ariane 5 brachte 2021 da James-Webb-Teleskop ins Weltall. Dieses Teleskop ist ein gemeinsames Projekt der ESA, NASA und der Kanadischen Weltraumagentur.

Auf der Welt gibt es viele verschiedene Weltraumorganisationen. Deutschland ist zwar in der ESA vertreten, hat aber auch noch das „Deutsche Zentrum für Luft- und Raumfahrt“. Die russische Weltraumorganisation trägt zum Beispiel den Namen „Roskosmos“, die chinesische heißt „China National Space Organisation“ – und auch der Beruf wird anders genannt.

Die Raumfahrer in den USA und Europa heißen Astronauten, in China und Russland werden sie anders genannt.

GIBT ES AUẞERIRDISCHE?

Grüne Männchen auf dem Mars gibt es nicht. Das können wir mit Sicherheit sagen. Auch auf Merkur, Venus, Jupiter, Saturn, Uranus und Neptun wurden noch keine Lebewesen gefunden. Ob es aber an einem anderen Ort im Weltraum – also außer auf der Erde – noch Leben gibt, kann niemand ganz genau sagen.

Möglich wäre es schon. Vielleicht haben wir nur deshalb bislang keinen Besuch von Außerirdischen bekommen, weil sie viel zu weit weg leben. Die Entfernungen im Weltall sind unvorstellbar groß.

Für Leben, wie wir es kennen, muss es flüssiges Wasser geben. Und es darf weder zu kalt noch zu heiß sein. Bis zum Jahr 2024 hat die Weltraumforschung über 5 000 Planeten entdeckt. Sie alle umkreisen andere Sterne. Aber keiner dieser vielen Planeten gleicht der Erde, auf der genügend Wasser und Sauerstoff, Wärme und Licht vorhanden sind.

Es gibt immer wieder Menschen, die von UFOs (unbekannten fliegenden Objekten) berichten. Doch bisher haben sich alle UFOs als natürliche Lichterscheinungen am Himmel oder Gegenstände von der Erde entpuppt.

Für den Fall, dass es tatsächlich Außerirdische geben sollte, befindet sich auf mancher Raumsonde eine Botschaft. An Bord der Sonde Pioneer 10 war zum Beispiel ein Bild von einem Mann und einer Frau zu sehen – so könnten sich die Außerirdischen vorstellen, wie wir Menschen aussehen. Die Tafel zeigt außerdem die Erde als dritten Planeten von der Sonne. Die Außerirdischen wüssten somit auch, woher die Weltraumsonde kommt.

MARSMÄNNCHEN-MALEREI

Außerirdische gibt's nicht? Auf dem Papier schon. Mit diesem lustigen Spiel entstehen garantiert die lustigsten und verrücktesten Marsmännchen aller Zeiten.

DU BRAUCHST:

- Papier (am besten DIN-A4-Format)
- Buntstifte

Jedes Kind hat ein Papier vor sich liegen. Oben auf dem Blatt beginnt nun jedes Kind, den Kopf eines Marsmännchens zu zeichnen. Doch Vorsicht, die anderen dürfen dies nicht sehen! Seid ihr fertig, knickt ihr alle den gemalten Kopf nach hinten.
Weiter geht's mit dem Blatt im Uhrzeigersinn an den Nachbarn oder die Nachbarin. Nun ist der Hals samt Bauch und Armen dran. Und wieder wird danach alles nach hinten gefaltet. Fehlen noch Beine und Füße. Zum Schluss darf noch ein Name erfunden werden. Dann werden die Namen der Außerirdischen vorgelesen und die Geschöpfe feierlich auseinandergefaltet. Na, wie sehen die Gestalten aus?

ICH FLIEGE ZUR ISS UND PACKE EIN ...

Stellt euch vor, ihr startet zur nächsten Weltraummission. Was nehmt ihr mit auf die Raumstation?

DU BRAUCHST:

- viel Fantasie und ein gutes Gedächtnis

Das Spiel geht immer reihum. Der erste Mitspieler oder die erste Mitspielerin sagt: „Ich fliege zur ISS und packe meine Taschenlampe ein." Der Nachbar oder die Nachbarin wiederholt dies und fügt eine neue Sache hinzu: „Ich fliege zur ISS und packe meine Taschenlampe und ein Sauerstoffgerät ein." Was möchtest du mitnehmen? Dein Lieblingsbuch oder deinen kleinen Bruder? Bei diesem Spiel sind alle lustigen und verrückten Ideen erlaubt. Viel Spaß!

WELTRAUM-ABC

In diesem Buch hast du schon ganz schön viel gelesen über das Weltall, die Raumstation, die Planeten und Sterne. Bestimmt hast du dabei auch viele neue Wörter und Namen kennengelernt – Weltraumwörter sozusagen.

DU BRAUCHST:

- einen Zettel und einen Stift

Schreibe alle Buchstaben des Alphabets in einer Reihe untereinander (außer Q, X, Y und Z). Zu jedem Buchstaben überlegst du dir ein passendes Weltraum-Wort.

So könnte dein Weltraum-ABC aussehen: Astronaut, Blauer Planet, Computer, Dunkelheit, ESA, Finsternis, Hubble-Teleskop, ISS, Jupiter, Komet, Lichtjahre, Mond, Neil Armstrong, Orion, Perseiden, Raumstation, Sojus-Kapsel, Taikonaut, Uranus, Venus, Weltraum.

WIE IST DER WELTRAUM ENTSTANDEN?

Wie genau das passiert ist, kann niemand sagen. Wissenschaftlerinnen und Wissenschaftler haben herausgefunden, dass es vor 14 Millionen Jahren eine gewaltige Explosion gab. Den Urknall.

Davor, so vermuten sie, gab es nichts. Weder Zeit noch Raum. Das kann man sich gar nicht vorstellen, oder? Und selbst beim sogenannten Urknall hat es nicht geknallt. Es war vermutlich ganz leise und still.

Weltraumforscherinnen und -forscher gehen davon aus, dass sich bei der Explosion Licht und Hitze mit riesiger Geschwindigkeit ausgebreitet haben. Zuerst entstanden ganz winzige Teilchen: die Atome. Die Atome sammelten sich in riesigen Wolken an. Die größten Wolken fielen unter ihrer eigenen Schwerkraft in sich zusammen. Dabei wurde es in ihnen heiß und dicht — die ersten Sterne waren geboren.

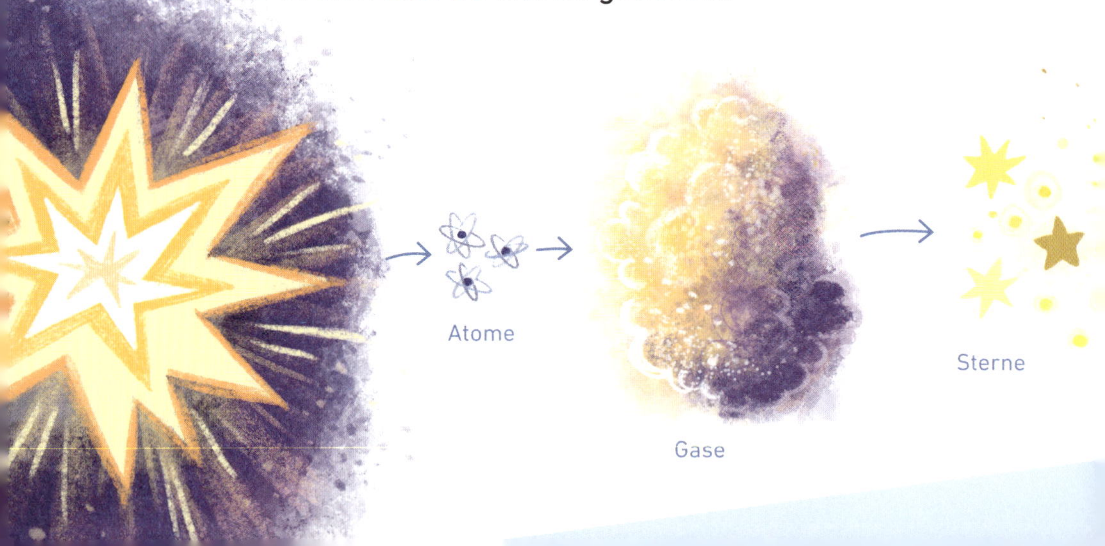

Bis zum Leuchten dieser ersten Sterne hat es ziemlich lange gedauert: nämlich etwa 200 Millionen Jahre. Am Ende ihres Lebens explodierten einige Sterne. Riesige Wolken aus Gas und Staub blieben zurück.

Daraus entstanden wieder neue Sterne. Vor knapp 5 Milliarden Jahren ist auf diese Weise auch unsere Sonne entstanden. Und mit ihr zusammen die Planeten, welche die Sonne seither umkreisen. So wie unser Heimatplanet – die Erde.

In diesem Gasnebel entstehen immer noch neue Sterne.

WAS IST EIN SCHWARZES LOCH?

Schwarze Löcher gehören zu den größten Rätseln des Universums. Obwohl die Wissenschaft schon lange zu ihnen forscht, weiß man noch immer nicht ganz genau, wie sie entstehen und was in ihrem Inneren geschieht.

Auch Sterne leuchten nicht ewig. Am Ende des Lebens der größten Sterne — viel größer als unsere Sonne — explodieren diese. Ihr helles Aufleuchten am Himmel nennt man eine Supernova. Aber nicht der ganze Stern explodiert. In seinem Zentrum fällt er in sich zusammen und bildet dort ein Schwarzes Loch.

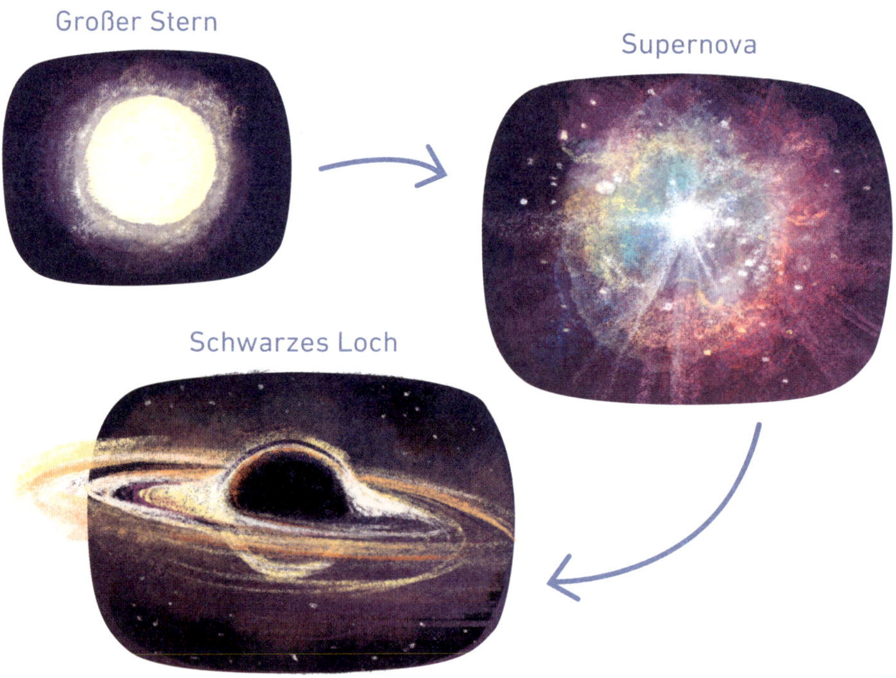

Schwarze Löcher haben eine so große Anziehungskraft, dass sie alles festhalten, was ihnen zu nahekommt. Alles wird hereingezogen: Planeten, Sterne und sogar Licht! Und Licht ist das Schnellste, was wir uns vorstellen können. Nichts, was in ein Schwarzes Loch gerät, kann wieder aus ihm entweichen.

Weil Schwarze Löcher so dunkel sind, sind sie sehr schwierig zu finden. Nur durch die ganz genaue Beobachtung des Sternenhimmels können Forscherinnen und Forscher Schwarze Löcher ausfindig machen. So kann man diese rätselhaften Löcher im Weltraum zum Beispiel mithilfe von Sternen aufspüren, die um sie kreisen. Auf diese Weise wurde herausgefunden, dass sich sogar in der Mitte unserer Milchstraßen-Galaxie ein Schwarzes Loch befindet.

Im Jahre 2019 ist der schönste Beweis dafür gelungen, dass es Schwarze Löcher wirklich gibt: ein Bild! Dieses Schwarze Loch hatte sich durch einen es umgebenden, hell leuchtenden Ring aus Gas verraten.

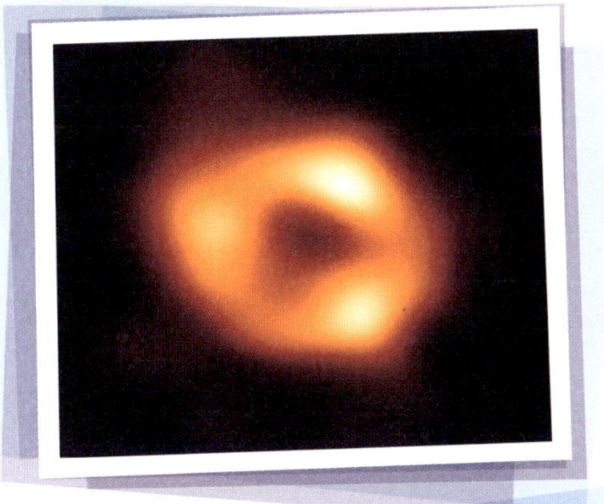

KANN MAN ZUM MARS FLIEGEN?

Auf dem Mond sind bereits Menschen spazieren gegangen. Da müsste es doch möglich sein, auch auf dem Mars zu landen. Doch so einfach ist es nicht.

Schon jetzt erkunden ferngesteuerte Fahrzeuge, die sogenannten Mars-Rover, den Mars. Sie untersuchen die Temperaturen der Bodenschichten und senden Bilder und Messwerte zur Erde. Inzwischen hat man sogar gefrorenes Wasser gefunden. Forscherinnen und Forscher fragen sich nun, ob es auf dem Mars vielleicht Kleinstlebewesen wie Bakterien gibt.

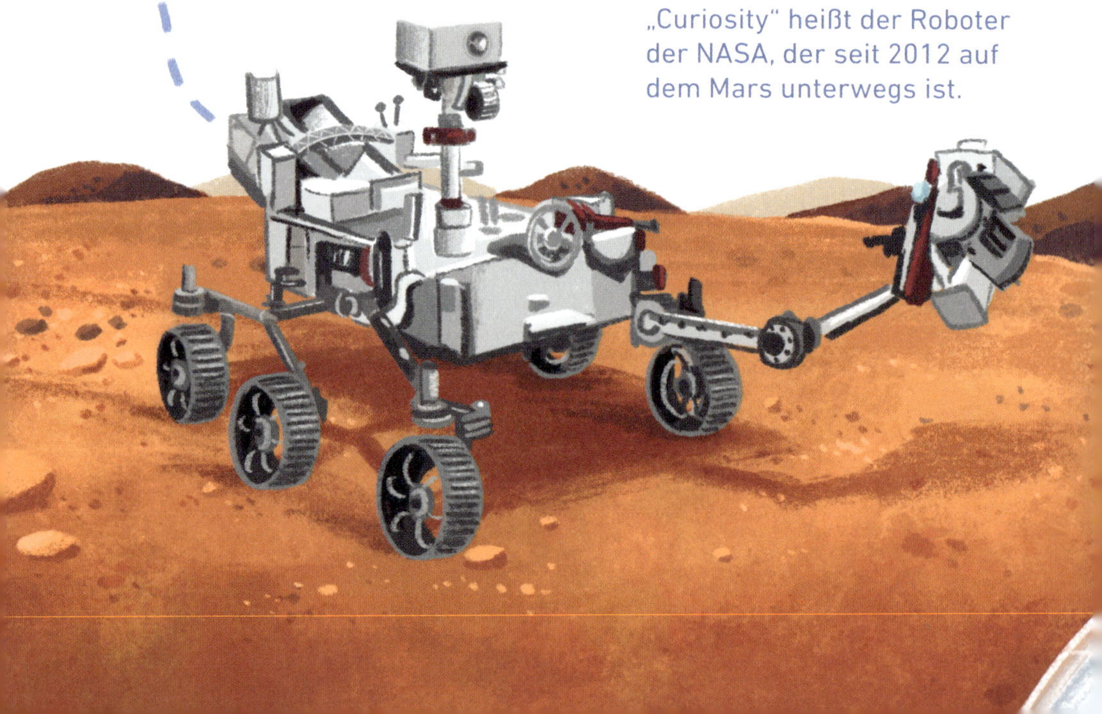

„Curiosity" heißt der Roboter der NASA, der seit 2012 auf dem Mars unterwegs ist.

Allein der Flug zum Mars dauert etwa sechs bis zehn Monate. Für Menschen wäre so ein langer Flug wegen der gefährlichen Strahlung im Weltall nicht gut.

Auf dem Mars können Menschen nicht atmen. Wie soll ein längerer Aufenthalt auf dem Mars ohne Luft zum Atmen machbar sein? Viele Forscherteams fragen sich, ob in der Zukunft ein Leben auf dem Mars trotzdem möglich wäre. Man könnte eine große Kuppel bauen, unter der Menschen leben können. Durch Bäume und andere Pflanzen würde die Atemluft immer wieder neu aufbereitet werden. Wasser und Nahrung wären unter der Kuppel ebenfalls wiederverwertbar.

Ob das aber tatsächlich gelingen kann? Schließlich müssten die Atemluft und verschiedene andere wichtige Gase immer aufeinander abgestimmt werden. Solche Bedingungen zu schaffen, dürfte ganz schön schwierig sein.